Julius Loewenstein

SELBSTBEWUSSTSEIN

Selbstbewusst auftreten

Wie Sie wirksam Durchsetzungsvermögen aufbauen, erfolgreich Menschen von sich überzeugen und eine starke Persönlichkeit entwickeln

1. Auflage

www.julius-loewenstein.de

ISBN: 978-1982990220

INHALTSVERZEICHNIS

Vorwort

Was ist es, was fast alle Menschen gerne wären? Reich? Schön? Glücklich? Gesund?

Womöglich. Doch nicht alle sind mit viel Geld und einem bildhübschen Gesicht gesegnet. Nicht alle sind glücklich mit sich selbst und ihrem Leben. Und auch sind es nicht alle, die sich bester Gesundheit erfreuen.

Wie ist es mit Ihnen? Haben Sie das Gefühl, dass mindestens eine Sache auch auf Sie zutrifft?

Das Gute ist, dass Sie das jederzeit ändern können. Sie haben Macht über ihre finanzielle Situation. Sie entscheiden, ob Sie glücklich sein wollen oder nicht. Sie haben Kontrolle über Ihr körperliches Wohlbefinden. Und auch haben Sie Einfluss auf das, was Sie ausstrahlen, das heißt indirekt auch Einfluss darauf, ob Sie als schön wahrgenommen werden oder nicht.

Was Sie besitzen, ist Verantwortung. Sie und sonst niemand, hat Verantwortung über Ihr Leben und Ihr Wohlbefinden. Sie müssen sich lediglich dieser Verantwortung bewusst werden. Sie müssen verstehen, dass es weder Umstände noch andere Personen sind, die über Ihr Leben entscheiden und dass nur Sie die Kontrolle über *Ihre* Gedanken, *Ihre* Gefühle und *Ihre* Handlungen haben.

Wenn Sie das verstehen, haben Sie schon einen wichtigen Schritt in Richtung gesundes Selbstbewusstsein getan. In dem Wort Selbstbewusstsein steckt das Wort *Bewusstsein* und das Wort *Selbst*. Sie haben Bewusstsein über sich selbst. Sie sind sich *Ihrer* Fähigkeiten bewusst. Sie sind sich *Ihrer* Handlungen bewusst. Und Sie sind sich eben jener Verantwortung bewusst, die Sie über *Ihr* Leben haben. Sie müssen es aber wollen und sich darüber klar werden.

Selbstbewusstsein ist die wohl wichtigste Eigenschaft, wenn es darum geht, Ihre Ziele zu erreichen, etwas in Ihrem Leben zu verändern und sich das zu holen, was Sie wollen. Mit der richtigen Portion Selbstbewusstsein können Sie Ihrem Leben mehr Qualität geben, indem Sie sich die richtigen Ziele setzen und eine genaue Vorstellung davon haben, wie Sie diese in die Tat umsetzen.

Der Einzige, der Sie davon abhält, das Leben zu erschaffen, von dem Sie schon immer geträumt haben, sind Sie selbst. Machen Sie sich bewusst, dass der Einzige, der in der Lage ist, Ihre Träume zu verwirklichen, auch Sie selbst sind. Entfalten Sie Ihr Selbstbewusstsein und Sie werden reich belohnt.

Hamburg 2018, *Julius C. Loewenstein*

Einleitung: Warum überhaupt selbstbewusst auftreten?

Wer ist wohl erfolgreicher und glücklicher? Eine Person, die von Versagensängsten geplagt wird? Die sich einredet, nicht gut genug zu sein? Oder eine selbstsichere Persönlichkeit, die furchtlos auf große Aufgaben zugeht und souverän die Dinge einfach anpackt?

Das finden Sie am Besten heraus, wenn Sie beide Charaktere eine Zeit lang beobachten.
Ich möchte Ihnen zeigen, wie Sie sich dem Ideal eines selbstbewussten Menschen, einer durchsetzungsstarken Persönlichkeit, annähern können. Ich möchte Ihnen die Geheimnisse und Tricks erfolgreicher Menschen verraten, wie sie sich positionieren und sich überzeugend darstellen.

Selbstsicheres Auftreten kann man sich aneignen. Im Grunde ist es auch gar nicht so schwer, wie Sie vielleicht denken. Es braucht Zeit und viel wichtiger, die Überzeugung, dem Prozess zu vertrauen. Die eigene Stärke und innere Werte lassen sich finden. Charismatische Körpersprache und eine kraftvolle Stimme lassen sich trainieren. Ebenso wie Nein sagen zu können und mit Ablehnung umzugehen.

Das zu erlernen mag für den einen oder anderen „unmöglich“ erscheinen. Ich sage es gerne noch einmal. Nichts ist unmöglich, solange Sie die nötige Willenskraft dazu haben. Letztendlich treffen Sie die Entscheidung, ob Sie selbstbewusst sein wollen oder nicht. In diesem Buch geht es allen voran darum, Ihr Selbstbild zu optimieren und Sie mittels wertvoller Tipps selbstbewusster werden zu lassen.

Dieses Buch ist also das, was Sie daraus machen, welche Schlüsse Sie daraus ziehen, welche Gewohnheiten Sie verändern und welche Sichtweise Sie auf sich selbst annehmen werden.

Ich hoffe, Sie bekommen beim Lesen dieses Buches gute Anregungen und hilfreiche Tipps, wie Sie sich selbstbewusster präsentieren, eine starke Persönlichkeit entwickeln und sich Ihrer Einzigartigkeit bewusst werden. Für ein erfolgreiches und glückliches Leben.

Ihr Julius C. Loewenstein

P. S. Auf der letzten Seite dieses Buches finden Sie noch ein exklusives Geschenk von mir. Lassen Sie sich überraschen!

I. Positionierung

In diesem Kapitel geht es darum, wie Sie sich Ihrer Werte bewusst werden und Ihre Stärken finden. Anhand dessen lernen Sie, eine eigene Meinung zu entwickeln und sich erfolgreich zu positionieren.

1. Was zeichnet eine selbstbewusste Persönlichkeit aus?

Zunächst einmal sollte definiert werden, was man unter einer selbstbewussten Persönlichkeit versteht. Gilt jemand schon als selbstbewusst, wenn er aufrecht die Straße entlang stolziert? Oder reicht es, Sachen anzupacken, um als selbstbewusst wahrgenommen zu werden?

Nicht ganz. Man kann das grundsätzlich nicht objektiv an Kriterien festmachen. Andererseits sagt die energetische Ausstrahlung, die verbale als auch non-verbale Kommunikation einer Person, viel über ihr Verhältnis zu sich selbst aus. Von außen betrachtet kann man also eine ziemlich gute Einschätzung abgeben, ob eine Person selbstbewusst ist oder nicht. Schlussendlich muss das jeder für sich selbst wissen.

Einen wirklich selbstbewussten Menschen kann man allerdings an folgenden vier Charaktermerkmalen erkennen:

Selbstakzeptanz

Er zeigt sich so, wie er ist. Er hält seine Meinung als auch seine innere Einstellung nicht zurück und hat den Mut, diese auszudrücken, wenn ihm danach ist. Seine Worte und Handlungen unterstreichen dies. Das setzt voraus, sich so anzunehmen, wie man wirklich ist: „So bin ich. So denke ich, so fühle ich und so sehen meine Wünsche aus." Ihm ist klar, dass er einzigartig ist und kein Mensch auf der Welt seinen Platz einnehmen kann. Seine Werte sind ihm wichtig.

Kommunikation und Respekt

Er respektiert andere Menschen und ist in der Lage, mit ihnen angemessen zu kommunizieren. Ob Freunde, Verwandte, Arbeitskollegen, Fremde, der Busfahrer: allen wird der gleiche Respekt und die gleiche Aufrichtigkeit entgegengebracht. Wer andere schlechter behandelt, weil sie einen niedrigeren Status haben, so ist dies ein Zeichen von Unsicherheit. Menschen, die auf andere (z.B. Obdachlose) hinabsehen, wollen sich dadurch besser fühlen, doch sind sich eigentlich ihrer eigenen Position unsicher (sonst hätten sie es ja nicht nötig).

Zielstrebigkeit

Er weiß wonach er strebt und hat eine aktive Lebenseinstellung. Er übernimmt Verantwortung über sein Leben. Während andere sich im Fluss des Lebens treiben lassen, nimmt er das Ruder in die Hand und ergreift die Initiative. Seine Ziele sind klar, darum steuert er sehr bewusst auf diese zu. Es ist ihm wichtig, diese Ziele zu erreichen, den sie sind auch als Orientierung gedacht, wo es im Leben hingehen soll.

Selbstachtung

Er kennt seine Fähigkeiten, Möglichkeiten und Grenzen. Doch er weiß diese auch zu nutzen. Er macht Gebrauch von seinen einzigartigen Talenten, holt das Beste aus seinen Chancen raus und geht an seine Grenzen (und darüber hinaus). Ob er gewinnt, verliert oder nur ein Unentschieden erreicht, kann er immer noch stolz auf sich sein. Er weiß, dass er schließlich sein bestes gegeben hat.

Zusammengefasst: Die wirklich selbstbewusste Persönlichkeit ist überzeugt von ihren Fähigkeiten, ist sich ihrem Wert als Mensch bewusst und drückt dies in einem selbstsicheren Auftreten aus.

Warum ist aber manchmal von Selbstwert, Selbstvertrauen und Selbstsicherheit die Rede? Ist das dasselbe wie Selbstbewusstsein? Nein, hier gilt es zu differenzieren. Es sind vielmehr vier verschiedene Ebenen einer Persönlichkeit, die sich gegenseitig bedingen.

Nochmal zur Erinnerung: Selbstbewusstsein ist das Ergebnis dessen, dass ein Mensch sich seines Denkens, seines Handelns und seiner Gefühle bewusst ist. Es ist Anspruch dieses Buches, jenes Bewusstsein in Ihnen zu wecken.

Dieses Bewusstsein kann jedoch nicht entstehen, solange Sie sich über Ihren Wert als Mensch nicht im Klaren sind. Wie Sie Ihren Selbstwert systematisch aufbauen, dazu werden Sie später noch mehr erfahren. Beide Begriffe, das Selbstbewusstsein und der Selbstwert, hängen eng miteinander zusammen. Sie bezeichnen beide das Verständnis für die eigene Würde und der Zuversicht, gut genug zu sein (siehe Selbstakzeptanz).

Aus dem Selbstwert entspringt das Selbstvertrauen. Wer sich seines Wertes bewusst wird, der weiß auch um seine Kräfte und Fähigkeiten. Der Verlass auf die eigenen Stärken ist präsent, auch schwierige Situation können gemeistert werden („Ich kann das!“).

Daraus resultiert die Selbstsicherheit. Das bedeutet, man verteidigt seine Werte und setzt sich für seine Interessen ein, respektiert dabei aber natürlich die Interessen anderer. Hier kommt auch die aktive Lebensgestaltung ins Spiel (siehe Zielstrebigkeit). Und hier kommen wir auch auf den Anfangsteil des Kapitels zurück. Die Selbstsicherheit ist derjenige der vier Faktoren, den man maßgeblich auch von außen wahrnimmt.

Das heißt: Um auch von anderen als stark, selbstsicher und überzeugend gesehen zu werden, müssen Sie erst einmal „von innen“ anfangen. Zunächst entwickeln Sie das Bewusstsein respektive Verantwortung über ihr Denken, Fühlen, Handeln (Selbstbewusstsein), dann erkennen Sie Ihren Wert als Mensch (Selbstwert), um daraus Ihre Stärken abzuleiten (Selbstvertrauen) und zu guter letzt auch sicher aufzutreten und Durchsetzungsvermögen zu beweisen (Selbstsicherheit).

In diesem Buch arbeiten wir uns Schritt für Schritt voran, um Sie zuerst an den Punkt zu bringen, an dem Sie Ihre innere Kraft finden und an sich glauben. Danach arbeiten wir an Ihrer positiven Ausstrahlung und zum Schluss auch an Ihrem Durchsetzungsvermögen.

Da Sie sich allein durchs Lesen dieses Buches mit Ihren Gedanken auseinandersetzen und Sie dadurch gewissermaßen Ihrer selbst bewusst werden, fangen wir mit Ihrem Selbstwert an. Wie bauen Sie einen guten Selbstwert auf?

2. Den Selbstwert aufbauen. Sich mögen und an sich glauben!

Bevor wir anfangen, müssen Sie verstehen, wieso Ihr Selbstwert so ist, wie er ist. Einen wichtigen Teil unseres Selbstwerts macht die Erziehung unserer Eltern aus. Wurden Sie in Ihrer Kindheit oft gelobt? Oder haben Ihre Eltern Sie ständig Ihrer Schwächen wegen kritisiert?

Wenn Sie in Ihrer Kindheit viel Wertschätzung und Liebe erfahren haben, für gute Leistungen gelobt wurden und Ihre Eltern immer ein offenes Ohr für Sie hatten, so ist davon auszugehen, dass Sie aufgrund dessen bereits im frühen Alter eine optimistische Lebenseinstellung entwickelten.

Verbinden Sie hingegen eher negative Erfahrungen mit Ihrer Kindheit, indem Sie zum Beispiel wenig bis keine Aufmerksamkeit von Ihren Eltern geschenkt bekommen haben und/oder diese Ihnen wenig Zuneigung und Liebe zeigten, Sie im schlimmsten Fall sogar oft getadelt wurden, dann ist der Selbstwert in vielen Fällen geschwächt, wenn nicht gar massiv negativ beeinträchtigt.

Phrasen, die dem einen oder anderen bekannt vorkommen könnten:

»Du kannst/schaffst das nicht …«
»Aus dir wird nie was …«
»Das klingt nach einer blöden Idee …«

Leider sind derartige Erziehungsmethoden wie Demütigung, Kritik und Bestrafung immer noch präsent heutzutage. Im Unterbewusstsein setzen sich Grundüberzeugungen fest, die eine positive Entwicklung behindern. Dazu gehören Minderwertigkeitsgefühle und Selbstzweifel, wie die Empfindung, nicht gut genug zu sein.

Jenes Bewusstsein löst aus, dass wir unseren Selbstwert abhängig machen vom Urteil anderer. Es entsteht der Druck, allen gefallen zu müssen und bloß niemanden zu enttäuschen. Die Anerkennung anderer ist wichtiger, als die eigene Anerkennung von sich selbst.

Folgender Glaubenssatz entsteht:

»Es ist wichtiger, was andere von mir denken, als was ich selbst von mir denke.«

Damit werden negative Bemerkungen anderer Menschen oftmals zu Herzen genommen und wir fühlen uns schnell gekränkt. Und auch beim Erfolg geht es nicht so sehr um den Erfolg selber, sondern darum, andere zu beeindrucken. Insofern soll das Gefühl der Minderwertigkeit kompensiert werden. Das gelingt kurzfristig, aber schon nach kurzer Zeit müssen neue Erfolge her, um unseren Wert erneut unter Beweis zu stellen.

Somit wird ein selbstsicheres Auftreten bereits im Keim erstickt. Das Gefühl Minderwertigkeit, das Bedürfnis, es den anderen beweisen zu müssen, ist der größte Feind eines gesunden Selbstwerts.

Je gesünder und positiver unser Selbstwertgefühl hingegen ist, umso weniger macht uns Kritik zu schaffen, die Meinung anderer verliert die Macht über unsere innere Einstellung und wir akzeptieren unsere Unzulänglichkeiten. Und das ist gut so! Jeder Mensch hat Schwächen. Es bringt nichts, mit seinen Schwächen zu hadern. Viel wichtiger ist, sich auf seine Stärken zu konzentrieren. Das macht uns, das macht Sie (!) einzigartig. Im vierten Kapitel gehen wir darauf ein, wie Sie das konkret machen.

Wie seinen Selbstwert stärken?

Seien Sie sich klar darüber, dass nur Sie die Macht über Ihren Selbstwert und Ihr Selbstbild haben. Niemand sonst. Wenn man sich selbst zu einem niedrigen Preis verkauft, wird niemand anderes diesen Preis erhöhen.

Sie *sind* ein toller, einzigartiger, mutiger Mensch, wenn Sie daran glauben. Stellen Sie sich vor, bereits so zu sein. Objektive Kriterien haben keinen Einfluss auf Ihren Wert als Mensch. Aussehen, Kontostand, Anzahl der Freunde, Schulabschluss, die Meinung anderer Leute, was auch immer Ihnen einfallen mag, ist absolut irrelevant, was Ihren Selbstwert betrifft.

Das einzige, was zählt, ist Ihr *Selbstbild*. Sehen Sie sich als starken Menschen? Sind Sie in Ihren Augen jemand, der toll, einzigartig und mutig ist? Denn das sind Sie! Sie müssen nur überzeugt davon sein.

Wir müssen lernen, mit unseren Besonderheiten, ob Aussehen (zu groß, zu klein, zu dick, zu große Nase …), Charaktereigenschaften (zu schüchtern, zu nachdenklich …) oder Herkunft, zu leben und uns mit ihnen anfreunden. Sie machen uns zu dem, wer wir sind. Erst durch sie werden wir außergewöhnlich.

Werden Sie zu Ihrem größten Unterstützer und Motivator. Reden Sie positiv mit sich selbst. Lösen Sie sich von den negativen Glaubenssätzen und sagen Sie sich, dass Sie es schaffen. Dass sie gut genug sind. Dass Sie nur das Beste vom Leben verdient haben. Dass Sie es schlicht und einfach *wert* sind.

Akzeptieren Sie sich so, wie Sie sind. Denn dann werden Sie sich auch automatisch mögen. Und wenn Sie sich mögen, werden Sie auch an sich glauben.

Noch einmal für Sie. Sagen Sie laut:

Ich schaffe es.

Ich bin gut genug.

Ich verdiene nur das Beste vom Leben.

Ich bin es wert!

3. Was wollen Sie wirklich? Was sind ihre Werte?

Um wirklich selbstbewusst zu werden, braucht man klare Ziele. Es gibt kaum etwas, was uns so sehr anspornt wie ein Ziel, das wir vor Augen haben. Nichts befriedigt so sehr, wie einen erstrebenswerten Erfolg zu erreichen.

Warum sind die erfolgreichsten Menschen auch immer die selbstbewusstesten? Und umgekehrt genau so?

Weil sie wissen, was sie wollen und wie sie es sich holen können. Sie identifizieren sich derart mit ihrem Ziel und haben das nötige Selbstvertrauen, es zu erreichen. Dementsprechend ist es kein Wunder, dass diese Menschen fast immer das umsetzen, was sie sich vornehmen und parallel dazu ihr Selbstbewusstsein systematisch und konstant gestärkt wird.

Gehen Sie in sich hinein. Nehmen Sie sich eine Auszeit und hören Sie auf Ihre innere Stimme. Gibt es etwas in Ihrem Leben, das Sie unbedingt tun wollen? Etwas, was Sie unbedingt erreichen möchten? Bedenken Sie: Das Leben ist zu kurz, um unbedeutend zu sein. Zu kurz, um nicht etwas sinnvolles zu erschaffen, die Welt zu verbessern, etwas zu vollbringen, das noch keiner vor Ihnen vollbracht hat.

Es braucht einen Fixpunkt im Leben eines jeden Menschen. Ein langfristiges Ziel dient wie eine Orientierungshilfe, es gibt dem Leben eine Richtung. Nehmen wir an, Sie setzen sich das *konkrete Ziel* auf den Tag genau in zehn Jahren eine Million Euro zu besitzen. Sie beginnen, hart dafür zu arbeiten, bilden sich fort, lesen Bücher, studieren die Gewohnheiten reicher Menschen und tun alles dafür, um dieses Ziel zu erreichen. Ob Sie in zehn Jahren nun Ihre Million haben oder nicht, ist aber gar nicht so entscheidend.

Viel wichtiger ist der Weg dahin, wie sich Ihre Persönlichkeit infolge dessen weiterentwickelt und dass sie einfach genau wissen, was Sie wollen. Sie sehen Chancen, wo andere sie nicht sehen.

Ihre Verbundenheit mit Ihrem Ziel führt zu einem gesteigerten Selbstbewusstsein, weil Sie an Ihren Fähigkeiten arbeiten und Ihr Wissen erweitern.

Fragen Sie sich also: „**Gibt es ein Gebiet in meinem Leben, auf dem ich mich weiterentwickeln möchte?**“

Hier sollte man zunächst die einzelnen Lebensbereiche (Karriere, Soziale Kontakte, Gesundheit, Finanzen, Persönlichkeit) beachten.

Um ein paar konkrete Beispiele zu nennen:

- 10 Kilogramm Abnehmen (**Gesundheit**)
- 2-mal wöchentlich mit den Freunden was unternehmen (**Soziale Kontakte**)
- 30% mehr Ergebnisse im Job (**Karriere**)
- So und so viel Geld sparen (**Finanzen**)
- Jede Woche ein Buch lesen (**Persönlichkeit**)
- Usw.

Wichtig ist hierbei, dass Sie das Ziel so konkret wie möglich formulieren. Es reicht nicht zu sagen: »Ich will abnehmen.« Das ist kein Ziel, sondern ein schwacher Wunsch. Es ist nämlich sehr wahrscheinlich, das ein solches „Ziel“ niemals umgesetzt wird. Sagen Sie stattdessen: »Ich will zum Zeitpunkt X das Gewicht Y abbauen. Dafür muss ich das und jenes tun.«

Erstellen Sie einen Plan, wie Sie das Ziel erreichen. Beachten Sie, dass Ziele nicht über Nacht verwirklicht werden. Arbeiten Sie sich Stück für Stück zum gewünschten Ergebnis voran. Kontinuität, Geduld und Fleiß sind der Schlüssel zu jedem Erfolg.

Um aber erfolgreich Ziele setzen und erreichen zu können, müssen diese Ihren *persönlichen Werten* entsprechen. Eine selbstbewusste Persönlichkeit hat stets genaue Wertvorstellungen. Sie muss schließlich sich selbst treu bleiben. Es fällt außerdem viel leichter Entscheidungen zu treffen und zu handeln, wenn Sie Ihre Werte kennen.

Wie sieht es mit Ihren Wertvorstellungen aus?

Womit identifizieren Sie sich? Was ist in Ihren Augen richtig und was falsch? Was ist Ihnen wichtig?

Erst wenn Sie diese Fragen gewissenhaft für sich beantworten können, werden Sie sich die für Sie richtigen Ziele vornehmen und Ihr Leben auf das nächste Level bringen.

Hier sollte man zunächst die einzelnen Lebensbereiche (Karriere, Soziale Kontakte, Gesundheit, Finanzen, Persönlichkeit) beachten.

Kurz vorneweg: Das sind beispielhafte Fragen und beispielhafte Werte, die dazu gedacht sind, einen Denkanstoß zu geben.

Karriere

Wollen Sie etwas bewegen? (Kreativität, Sinn)

Viel Geld verdienen? (Ansehen, Unabhängigkeit)

Sich persönlich weiterentwickeln? (Wachstum, Lernen)

Soziale Kontakte

Was macht eine gute Freundschaft für Sie aus?
(Ehrlichkeit, Vertrauen, Spaß)

Breiter Freundeskreis? Oder wenige, gute Freunde?
(Popularität contra Affinität)

Welche Rolle spielt Liebe in Ihrem Leben?
(Partnerschaft, Sexualität, Familie)

Gesundheit

Wollen Sie möglichst lange leben?
(Gesundheit, Zukunftsorientierung)

Sportliche Erfolge erzielen / In Bewegung bleiben?
(Mobilität, Vitalität)

Attraktiv und gesund aussehen?
(Anziehungskraft, Ausstrahlung)

Finanzen

Wollen Sie finanzielle Sicherheiten haben?
(Sicherheit)

Vielleicht sogar finanziell frei werden?
(Wohlstand, Unabhängigkeit)

Oder sollte Geld keine Bedeutung in Ihrem Leben haben?
(Minimalismus, Freiheit)

Persönlichkeit

Wollen Sie reflektieren/Zeit für sich haben? (Ruhe, Sinn)
Neues entdecken, reisen? (Abenteuerlust, Abwechslung)
Entspannen oder proaktiv werden? (Relaxen, Wachstum)

Überlegen Sie sich auf jede Frage eine für *Sie* passende Antwort. Was spricht Sie mehr an? Um seine inneren Werte zu finden, ist es oftmals hilfreich, regelmäßig Zeit für sich selbst zu haben, auf seine innere Stimme zu hören und nachzudenken. Unternehmen Sie einen Spaziergang alleine und lassen Sie Ihren Gedanken freien Lauf. Gehen Sie am besten an einen ruhigen Ort, etwa in einen Wald oder nachts in die Stadt, und hören Sie in sich hinein. Sie werden dabei gewiss reichhaltige Erkenntnisse sammeln, das garantiere ich Ihnen. Sie können auch gerne einen Text schreiben, mit dem Titel „Was ist mir wichtig?“

4. Konzentrieren Sie sich auf Ihre Stärken.

Eine wichtige Fähigkeit selbstbewusster Menschen ist, dass sie wissen, was sie gut können, sprich, was ihre Stärken sind.

Vielen Menschen fällt es schwer zu beschreiben, was ihre Stärken sind. Die meisten konzentrieren sich auf das, was sie *nicht* haben, *nicht* können und *nicht* verstehen. Wir sollten uns stattdessen darauf besinnen, was wir *haben*, *können* und *verstehen*. Jeder hat gewisse Talente und Begabungen, die ihn oder sie auszeichnen. Es setzt natürlich voraus, sich mit seiner selbst zu beschäftigen, um zu ermitteln, worin man seine Schlüsselkompetenzen hat.

Wie ist es bei Ihnen? Fallen Ihnen ein paar Stärken ein? Gibt es etwas, was Ihnen gut gelingt, gar leicht fällt?

Sei es, dass Sie ein guter Zuhörer sind, Durchhaltevermögen beweisen, gut zeichnen/musizieren oder schnell komplexe Sachverhalte auffassen. Es gibt so viele Gebiete und Sie werden sicherlich in einem Bereich etwas haben, das andere nicht haben.

Wenn Sie sich selbst eine Weile beobachten, wird Ihnen gewiss die eine oder andere Sache an Ihnen auffallen, die positiv hervorzuheben ist. Sie können auch Menschen fragen, welche Sie gut kennen, was Ihre Stärken sind. Oftmals fällt es Menschen leichter, die Stärken anderer zu beschreiben als die eigenen.

Schauen Sie auch in die Vergangenheit. Wann konnten Sie die größten Erfolge verbuchen und warum? Bestimmt standen Sie einst vor einem Problem, das Sie erfolgreich lösten. Welche Ihrer goldenen Fähigkeiten kamen dabei zum Einsatz?

Sich seiner Stärken bewusst zu sein, ist besonders wichtig, um ein gesundes Selbstvertrauen zu entwickeln. Außerdem ist es die entscheidendste aller Fragen, wenn es darum geht, den richtigen Beruf zu finden. Was Sie gut können, macht Ihnen automatisch Spaß.

Und wenn der Beruf Spaß macht, so brauchen sie quasi gar nicht mehr arbeiten (Sie tun ja das, was Sie mit Freude erfüllt).

Sie werden jetzt womöglich einwenden: »Was ist aber mit meinen Schwächen? Es ist doch besser, wenn ich meine Schwächen in den Griff bekomme, als wenn ich die Dinge verbessere, die ich ohnehin schon gut kann.«

Falsch! Nur wenn eine Schwäche Ihr Leben negativ beeinträchtigt, sollten Sie sich mit ihr befassen, bis diese kein Hindernis mehr darstellt. Die allermeisten Schwächen haben allerdings keinen Einfluss auf Ihr persönliches Glück. Diese können Sie ohne schlechtes Gewissen ignorieren, alles andere wäre Zeit- und Energieverschwendung. Eine Schwäche bedeutet zumeist auch umgekehrt auch ein Stärke in einem anderem Bereich.

Sobald Sie eine unbedeutende Schwäche abgebaut haben, haben Sie lediglich eine Schwäche weniger und sind auf diesem Gebiet nur noch Durchschnitt. In unserer Gesellschaft werden wir konditioniert, lieber unsere Schwächen zu beseitigen und nicht im Gegenteil unsere Stärken zu verbessern!

Nehmen wir die Schule als Beispiel. Uns wurde immer eingeredet, die Fächer, in denen wir weniger begabt sind und damit einhergehend weniger gute Noten hatten, auf ein akzeptables Niveau zu bringen, damit sie zumindest „nicht schlecht" seien. Stattdessen wäre es doch besser, unseren Schwerpunkt auf die Fächer zu legen, in denen wir viel Talent haben, um dort zu *Experten* zu werden.

Dasselbe gilt auch fürs Leben. Werden Sie auf einem Gebiet, *Ihrem* Spezialgebiet, zum absoluten Experten, statt überall Mittelmaß zu sein. Niemand ist selbstsicher oder gar reich geworden, weil er seine Schwächen in den Griff bekommen hat. Sie werden weitaus mehr Erfolge erzielen, wenn Sie die Fähigkeiten *ausbauen*, die Ihnen am Besten liegen und nicht Ihre Schwachstellen *abbauen*.

Sie werden merken, dass Ihr Selbstbewusstsein, Ihr Selbstvertrauen und Ihr Lebensglück signifikant steigen wird, wenn Sie sich Ihrer Stärken bewusst werden und von diesen Gebrauch machen. Seien Sie sich bitte klar darüber: Nur Sie verfügen über *Ihre* Talente, *Ihre* Fähigkeiten und *Ihre* Begabungen. Und sonst keiner! Wenn Sie Ihre Stärken also nicht nutzen, wer wird es dann für Sie tun?

Machen Sie sich auf die Suche nach Ihren besten Kompetenzen. Haben Sie diese einmal gefunden, so setzen Sie alles daran, diese so weit wie möglich zu erweitern. Ich bin fest davon überzeugt, dass auch Sie etwas haben, können, verstehen, dass sonst niemand hat, kann oder versteht. Gehen Sie aufs Ganze und machen Sie das Beste aus Ihrem Wissen und Ihrem Können. Haben Sie Vertrauen in sich selbst!

II. Ausstrahlung

In diesem Kapitel zeige ich Ihnen, wie Sie sich nach Außen als selbstsichere und starke Persönlichkeit geben. Dazu gehen wir auf Ihre Körpersprache, Ihre Stimme und Ihre energetische Ausstrahlung ein.

5. Lassen Sie Ihren Körper für Sie sprechen!

Kaum etwas signalisiert unserem Gegenüber so sehr, wie unsere Gemütslage ist, wie unsere non-verbale Kommunikation. Der Körper verrät unsere wirklichen Gefühle, wer wir sind und was wir eigentlich wollen. Die nonverbalen Botschaften sind oft unbewusst und gerade deshalb so machtvoll. Ohne Körpersprache wären die täglichen sozialen Beziehungen gar nicht möglich.

Laut Wissenschaftlern entscheiden Haltung, Gestik und Mimik,, Kleidung, Stimmlage, Betonung und Sprechgeschwindigkeit zu **95%** über den ersten Eindruck eines Menschen. Was von der Person gesagt wird, macht nur 5% des ersten Eindrucks aus.

Da wir unseren Körper weitaus schwerer kontrollieren können als unsere Worte, ist Körpersprache nahezu immer authentisch und aussagestark.

Ein gesundes Selbstbewusstsein geht mit einer souveränen Ausstrahlung einher. Ihre Durchsetzungsfähigkeit hängt stark von Ihrer körperlichen Präsenz ab. Sollten Sie sich Nervosität, Angst oder Schwäche anmerken lassen, so spürt das Ihr Gegenüber sofort und Ihre Durchsetzungsfähigkeit leidet darunter. Das Blöde ist, so etwas lässt sich nicht so leicht steuern. Es sind nämlich größtenteils Ihre Gefühle, die Ihre Körpersprache beeinflussen.

Um sich also eine starke, sichere und überzeugende Art der nonverbalen Kommunikation anzueignen, brauchen Sie also in erster Linie positive Gefühle und Gedanken der Zuversicht. *In der äußeren Haltung spiegelt sich die innere Einstellung wieder.*

Sollten Sie noch nicht so weit sein, können Sie auch andersrum verfahren. Mit einigen Tricks, die ich Ihnen nun beschreibe, werden Sie Kontrolle über Ihre unbewussten physischen Signale erlangen und sich als selbstsicher präsentieren, und dann daraus Ihre kraftvollen Emotionen ableiten.

Denn der wohl effektivste Trick selbstsicher aufzutreten, ist, so zu tun, als ob Sie es schon sind. Nach dem Grundsatz: „*Fake it until you make it*" („Tu so als ob bis du es schaffst").

Machen Sie sich groß!

Damit ist nicht gemeint, dass sie mittels dubioser Streckbank-Methoden Ihre Körpergröße manipulieren müssen. Unterschiede in der Körpergröße lassen sich nämlich geschickt ausgleichen. Treten Sie energisch auf und zeigen Sie Ihren Körper in seiner vollen Pracht. Halten Sie Ihren Oberkörper stets aufrecht und machen Sie unter gar keinen Umständen einen Buckel! ***Brust raus, Kinn hoch, Schultern nach hinten***. Probieren Sie es aus und Sie werden merken, wie sich Ihre gesamte Ausstrahlung in kürzester Zeit maßgeblich verändert. Beachten Sie aber: Das ganze soll natürlich wirken, keinesfalls verkrampft. Halten Sie diese Ausgangsform.

Symmetrie heißt Entschlossenheit

Ein Vorhaben, von dem Sie fest entschlossen sind, es auszuführen, bedeutet für das Gehirn die Übermittlung eines interessanten Signals, und zwar, dass der Körper symmetrisch ausgerichtet wird. Das hat folgenden Grund: *Die meiste Kraft können wir einsetzen, wenn sie konsequent in eine Richtung geht*.

Beobachten Sie die Figuren in Actionfilmen. Jemand, der mit maximaler Entschlossenheit auf jemanden zugeht, ist symmetrisch ausgerichtet und schreitet frontal auf seinen Gegner zu. Vermeiden Sie es, auf einem Bein zu stehen oder einen Arm zu verschränken.

Gezielte, flüssige Bewegungen

Entschlossene und sichere Menschen bewegen sich sehr gezielt. Hören Sie auf, an Ihrer Tasche herumzufummeln, wenn Sie bloß etwas rausholen möchten. Nehmen Sie es ohne Umwege raus. Die Bewegungen sind gerade und gerichtet. Das gleiche gilt für Ihren Gang. Gehen Sie mindestens 50% schneller als üblich, das stellt Körperspannung und Entschlossenheit her. Personen, die zügig gehen, signalisieren Zielbewusstsein, Sie steuern geradewegs auf Ihr Ziel zu.

Blickkontakt ist alles

Die wichtigste Form, körpersprachlich Selbstbewusstsein zu demonstrieren, ist, festen Blickkontakt zu Ihrem Gegenüber aufzubauen und ihn zu halten. Dem liegt ein evolutionäres Prinzip zugrunde. Das Tier, das zuerst den Blick abwendet, unterwirft sich dem anderem. Bei Menschen verhält es sich ähnlich. Sollten Sie bei einem Gespräch stets einen Punkt auf dem Boden (oder in der Luft) anstarren, laden Sie den anderen dazu ein, Sie zu dominieren und Ihren Selbstwert infrage zu stellen. Sei meiden den (Blick)Kontakt - das führt unweigerlich dazu, dass Sie nicht nur unsicher, sondern auch unglaubwürdig wirken.

Sollten Sie hingegen den Blickkontakt halten und Ihrem Gegenüber fest in die Augen schauen, wenn Sie zu ihm sprechen, so suggerieren Sie *Wachsamkeit* und *Stabilität*. Das heißt nicht, dass Sie jemandem wie verrückt in die Augen starren müssen, sondern selbstbewusst jenen Blickkontakt aufnehmen und sichern. Falls Sie Schwierigkeiten dabei haben sollten, fixieren Sie zunächst einen Punkt zwischen den Augen Ihres Gegenübers. Nach und nach haben Sie Übung und der Augenkontakt zu anderen wird Ihnen zunehmend leichter fallen.

Ein Lächeln ist Gold wert

Selbstbewusste Menschen können und dürfen lächeln, wenn Ihnen danach ist. Der Anlass sollte stimmig sein und der Zeitpunkt passend. Dabei ist wichtig, nicht zu viel, aber auch nicht zu wenig zu

lächeln. Zu viel des Guten kann unseriös erscheinen. Und wer sich stets mit zusammengepressten Zähnen und einem versteinerten Gesichtsausdruck zeigt, wirkt schnell unfreundlich und erst recht nicht vertrauenswürdig. Meiden Sie auch hier die Extreme.
Signalisieren Sie Souveränität, indem Sie hin und wieder ein charmantes und *authentisches* Lächeln aufsetzen. Wenn Sie lachen, dann lachen Sie nur, wenn auch Ihr Herz lacht.

Durchsetzungsstarke Körpersprache basiert auf einem kontrollierten Einklang von Mimik, Gestik und Haltung. Sobald Sie die oben genannten fünf Tricks für sich nutzen, werden Sie gewiss davon profitieren. Sie werden Einfluss auf Ihre Menschen ausüben und Ihre Interessen wesentlich häufiger und unkomplizierter durchsetzen.

6. Die Stimme richtig einsetzen und kraftvoll reden.

Doch auch die überzeugendste Körpersprache wird Ihr Selbstbewusstsein nicht signifikant verbessern, wenn Sie Ihre Stimme nicht richtig einsetzen.

Unsere Stimme ist das direkte Transportmittel der zwischenmenschlichen Kommunikation. Nicht was wir sagen, ist oftmals entscheidend, sondern wie wir es sagen.

Würden Sie auf die Idee kommen, zum Chef zu gehen und mit einer zittrigen Tonlage leise nach einer Gehaltserhöhung zu fragen? Selbst wenn Sie alles andere richtig machen, entschlossen den Raum betreten und den perfekten Text aufsagen: Die Wahrscheinlichkeit, dass Ihr Anliegen erfüllt wird, ist eher gering.

Ganz anders könnte es ausschauen, wenn Sie laut und deutlich sprechen. Eine kräftige Stimme ist stets mit Autorität und Selbstsicherheit verbunden. Wichtig ist auch das Sprechtempo. Reden Sie langsamer. Menschen, die zu schnell reden, verhaspeln sich in der Regel häufig und nehmen eine höhere Stimmlage an, die von den meisten als unangenehm wahrgenommen wird. Langsames Sprechen hingegen steht für Sicherheit und beweist Souveränität.

Die Stimme verrät wohl mit am stärksten, ob Sie gerade erfreut, traurig oder nervös sind. Das Gesagte kann spannend klingen und seine Zuhörer in seinen Bann ziehen oder das Publikum zu Tode langweilen.

Achten Sie also darauf, mit fester Stimme zu ihrem Gesprächspartner zu sprechen. Machen Sie zwischen den Sätzen lockere Pausen, um Luft zu holen und Ihre Gedanken zu ordnen. Fesseln Sie mit impulsiver Sprechweise Ihre Zuhörer und stellen Sie bedingungslose Aufmerksamkeit her, wenn Sie das Wort ergreifen. Da hilft ein einfacher Trick.

Sie müssen **aus dem Bauch** heraus reden. Sie wissen nicht, wie das geht? Holen Sie tief Luft, bis der Sauerstoff Ihre Magenregion erreicht. Tiefes Atmen verleiht Ihrer Stimme unglaublich viel Kraft und logischerweise eine tiefere Tonlage. Das ist deshalb wichtig, weil tiefere Stimmen Gelassenheit und Stabilität ausstrahlen. Piepsige Stimmen wirken hingegen schwach und unseriös. Damit ist nicht gemeint, dass Sie einen unnatürlichen Bass aufzusetzen brauchen, sondern dass Sie lediglich ruhiger sprechen und dabei schön tief einatmen, um einen sicheren Eindruck zu vermitteln.

Die **Intonation** ist ebenfalls von Bedeutung. Versuchen Sie, nicht in eine monotone Stimmlage zu verfallen. Heben Sie einzelne Wörter hervor, indem Sie die Lautstärke hin und wieder anpassen. Dies wird auch Stimmmodulation genannt, heißt, Sie setzen Ihre Stimme so ein, dass Sie mal lauter sprechen, die Geschwindigkeit ein wenig erhöhen oder einen sanfteren Ton annehmen. Wenn Sie darin geübt sind, werden Sie merken, dass Ihnen die Zuhörer die Worte von den Lippen lesen werden.

Nicht zu unterschätzen ist das sogenannte **Power-Talking**. Achten Sie darauf, möglichst klar und präzise zu reden. Vermeiden Sie unnötige Phrasen, z.B. „wie gesagt“ oder „sozusagen“. Solche Formulierungen verschwenden Zeit und minimieren die Kraft Ihrer Aussage. Auch das beliebte, langgezogene „ähm“, das eigentlich dazu dient, während des Sprechens nach den richtigen Worten zu suchen, ist absolut überflüssig und schwächt ein sicheres Auftreten Ihrerseits ab. Versuchen Sie, die Anzahl Ihrer „ähms“ weitestgehend zu reduzieren. Außerdem sollten Sie, dass wenn Sie sprechen, das Gesagte mit Gesten untermalen. Nutzen Sie Ihre Hände, wenn Sie etwas erklären. Das erhöht Ihre wahrgenommene Kompetenz, gibt Ihren Wörtern mehr Kraft und Ihnen mehr Sicherheit in Ihrem Auftritt.

Es gibt zwei simple Übungen, die von erfolgreichen Rednern verwendet werden, welche eine feste Stimme fördern und das

Sprachvolumen erhöhen. Besonders vor wichtigen Gesprächen sind diese sehr empfehlenswert.

Die Erste beugt schnelles sowie unklares Reden vor und vermeidet somit, dass Sie anfangen zu nuscheln. Hierbei machen Sie Gebrauch eines alten Schauspieler-Tricks. Alles, was Sie dafür benötigten, ist nichts weiter als ein Korken, den Sie zwischen die Zähne klemmen. Alternativ können Sie sich auch einen Kiesel in den Mund legen. Versuchen Sie nun eine Zeit lang, deutlich zu sprechen. Sie werden feststellen, dass das nur mittelmäßig funktioniert. Nun legen Sie den Korken oder den Kiesel raus und reden wieder normal. Der Unterschied ist enorm, denn Sie werden überrascht sein, wie klar Sie doch artikulieren können.

Bei der zweiten Methode dagegen werden die Stimmbänder stimuliert, was eine tiefere und natürliche Stimmlage hervorruft. Sie besteht aus drei Komponenten: Kauen-Summen-Schlucken.

- Stellen Sie sich vor, Sie hätten ein imaginäres Kaugummi im Mund. **Kauen** Sie es ganz normal mit geschlossenem Mund. Atmen Sie dabei ruhig und gelassen.

- Währenddessen **summen** Sie entspannt in einer für Sie natürlichen Stimmlage. Das Summen sollte möglichst konstant sein.

- **Schlucken** Sie, sobald Ihnen danach ist (etwa alle zehn Sekunden). Eine lockere Pause entsteht.

Hierbei weitet sich der Rachenraum und die Kiefermuskulatur wird entspannt. Beides führt zu einer besseren Artikulation und einem gesteigerten Stimmvolumen.

Noch einmal auf den Punkt gebracht: Eine starke Stimme unterstützt ein sicheres Auftreten. Mit einigen Übungen können Sie Ihre Stimme trainieren. Reden Sie in einem gemäßigtem Tempo und achten Sie insbesondere darauf, klar und deutlich zu sprechen. Wenn Sie diese Ratschläge richtig umsetzen, werden Sie erfreut feststellen, dass die Menschen anfangen, Ihnen mit Freude zuhören und Ihre Argumente ernst nehmen werden.

7. Sport treiben und Freundschaften pflegen.

Sie fragen sich nun bestimmt, warum ein Buch über Selbstbewusstsein ein Kapitel über „Sport und Freundschaft“ enthält. Menschen, die über einen hohen Grad an Überzeugungskraft verfügen, wissen, dass diese Überzeugungskraft auch von einer guten Fitness abhängig ist. Ebenso haben Freunde, welche sie unterstützen, einen entscheidenden Anteil daran. Unser soziales Umfeld und unsere Gesundheit haben erheblichen Einfluss darauf, wie motiviert wir sind, wie viel Charisma wir haben, wie anziehend wir wirken und über welchen Selbstwert wir verfügen.

Wissen Sie, was den größten Teil Ihrer Ausstrahlung ausmacht? Das Sie sich in Ihrer Haut wohlfühlen. Um das zu erreichen, reicht es ganz bestimmt nicht, dieses Buch zu lesen und alles über das Phänomen Selbstbewusstsein zu lernen. Sie müssen auch aktiv etwas dafür tun!

Freunde und Sport sind zwei enorm wichtige Lebensfelder, die unerlässlich sind, damit Sie Ihr volles Potenzial entfalten, eine langanhaltende Gesundheit entwickeln und sich als Mensch schlichtweg gut fühlen. Kaum etwas wird derart positive Auswirkungen auf Ihr Selbstwertgefühl und Ihr Wohlbefinden haben, wie eine, oder mehrere intensive Freundschaften und eine stabile Gesundheit.

Wussten Sie, dass etwa jeder Zweite Deutsche *keinen* bzw. nur sehr wenig Sport macht? Eben jene 50%, die Sportmuffel, sind es, die in der Regel über eine geringere Lebensqualität verfügen, zu Übergewicht tendieren und öfter mit gesundheitlichen Problemen zu kämpfen haben. Während die andere Hälfte, die regelmäßig laufen, Fahrrad fahren oder ins Fitnessstudio gehen, allgemein ein höheres Wohlbefinden verzeichnen, effizienten Stressabbau betreiben und Körper und Geist fit halten.

Deshalb lege ich Ihnen ans Herz, Sport zu treiben. Am besten zwei- bis dreimal die Woche. Bewegung ist Universalmedizin. Herz und Kreislauf werden gefördert, Knochen und Muskeln gekräftigt, Krankheiten vorgebeugt. Wenn Sie dazu noch auf eine ausgewogene Ernährung achten, so steht einer nachhaltigen und langen Gesundheit nichts mehr im Wege.

Das ist wichtig, damit Sie die bestmögliche Version Ihrer selbst werden und die maximale energetische Ausstrahlung erreichen, die Sie erreichen können. Ein sportlicher/gesunder Lebensstil führt automatisch zu Selbstbewusstsein und Stabilität. Tun Sie natürlich das, was Ihnen auch gefällt. Es macht wenig Sinn, sich zwanghaft zum Laufen zu verpflichten, wenn Sie viel lieber Tennis spielen würden. Es gab noch nie so viele diverse Sportangebote wie heute. Nutzen Sie eines regelmäßig, das Ihnen Spaß bereitet. Das wird Ihren Selbstwert massiv erhöhen. Gesundheit, Körper und Geist werden davon profitieren.

Und Freunde? Warum sind innige Freundschaften ebenfalls von Bedeutung, sofern Sie sicherer auftreten möchten?

Es sind gute Beziehungen zu unseren Mitmenschen, die unserem Leben einen tieferen Sinn geben und uns ein glückliches Dasein schenken. Zu einem großen Teil entscheidet die Qualität unserer freundschaftlichen Beziehungen respektive sozialer Kontakte über unser Lebensglück, unsere Lebensdauer und unserer Lebensfreude. Wir sprechen von wahren Freundschaften, von denen ein jeder Mensch etwa zwei bis fünf in seinem Leben hat bzw. haben sollte. Es ist weitaus wichtiger, dass Sie, seien es auch nur wenige, *hochwertige* Freundschaften pflegen, als dass Sie über einen breiten Freundes- oder Bekanntenkreis verfügen, in welchem die Beziehungen recht oberflächlich sind. Viele, die Sie unter Umständen für Freunde halten, sind zumeist nur Bekannte. Woran erkennen Sie aber *wahre* Freunde?

Das Fundament für einer gesunden Freundschaft bildet Respekt. Respekt ist die wohl wichtigste Eigenschaft, die Sie allen Menschen entgegenbringen sollten. Auf Respekt beruht jede zwischenmenschliche Beziehung. Eine gute Freundschaft zeichnen des weiteren Vertrauen, gemeinsame Interessen, Humor, tiefgründige Gespräche und gemeinsame goldene Momente aus.

Wie aber finden Sie wahre Freunde? Und vor allem wo?

Um wahre Freunde zu finden, müssen Sie zuerst bei sich selbst anfangen. Wenn Sie wünschen, dass andere sich für Sie interessieren, so lernen Sie, sich als erstes für andere zu interessieren. Wenn Sie sich nach jemandem sehnen, mit dem Sie so richtig Spaß haben können, müssen Sie sich selbst jemand sein, mit dem andere so richtig Spaß haben *wollen*. Und wenn tief in Ihnen das Bedürfnis steckt, mit einem Freund all Ihre Geheimnisse zu teilen und über alles zu reden, was Ihnen am Herzen liegt, so müssen Sie in anderen das Bedürfnis wecken, Ihnen ebenfalls vertrauen zu können.

Ralph Waldo Emerson sagte einst:
»Der beste Weg, einen Freund zu haben, ist der, selbst einer zu sein.«

Verhalten Sie sich gegenüber (den Ihnen nahestehenden) Menschen, so, wie Sie wünschen, dass diese sich Ihnen gegenüber genauso verhalten. Seien Sie ein liebevoller, positiver und interessierter Zeitgenosse und Sie werden schneller Freunde gewinnen, als Sie zu denken vermögen.

Nun zur Frage, wo Sie auf potenzielle Freunde stoßen. Die einzige Möglichkeit, an der kein Weg vorbeiführt, Freunde zu finden, ist rauszugehen. Es ist nicht so, dass die Leute zu Ihnen nachhause kommen und wie bei einer Fernsehshow versuchen die Jury davon zu überzeugen, warum ausgerechnet sie der richtige Kandidat sind. Entweder Sie bleiben weiterhin zuhause sitzen und warten darauf, dass die Freunde zu Ihnen kommen (was niemals passieren wird, es sei denn, Sie freunden sich mit dem Paketboten an) oder Sie verlassen das Haus und damit die Komfortzone, und gehen auf die Menschen zu. Hierbei sollte erwähnt werden, dass es auch nicht besonders klug ist, fremde Menschen auf der Straße anzuquatschen, dass Sie derzeit auf der Suche nach Freunden sind und ob sie nicht mit Ihnen befreundet sein wollen. Damit ist vielmehr gemeint, dass Sie beispielsweise im Sportverein (am einfachsten), in der Kneipe oder sei es im Waschsalon Menschen kennenlernen. Das geschieht am besten mit einer risikofreien Frage wie: „Wie lange spielst du schon Tennis?“ oder einer höflichen Bemerkung „Du hast einen guten Haarschnitt.“ Bleiben Sie dabei bitte authentisch und aufrichtig! Achten Sie darauf, nicht zu direkt zu werden und keinesfalls etwas zu sagen, was den anderen verärgern könnte.

Mit der richtigen Portion Selbstwert und dem nötigen Selbstvertrauen wird Ihnen das problemlos gelingen. Und für den Fall, dass Sie abgewiesen werden - da draußen gibt es weitere sieben Milliarden Menschen, die darauf warten, mit Ihnen Freundschaft zu schließen! Bleiben Sie dran und Sie werden reichlich Bekanntschaften machen. Je mehr Menschen Sie kennenlernen, desto größer ist die Wahrscheinlichkeit, dass einige der Bekanntschaften schließlich zu Ihren Freunden werden.

Haben Sie erst einmal die Gewissheit, dass sie Freunde haben, die bedingungslos hinter Ihnen stehen, so werden Sie diesen Rückhalt unterbewusst spüren und dementsprechend in Ihren Handlungen wesentlich sicherer sein. Oder glauben Sie etwa, ein einsamer Mensch ohne einen einzigen Freund wäre in der Lage, das Höchstmaß an Selbstsicherheit zu erreichen?

Legen Sie Wert auf Menschen in Ihrem Umfeld, die Ihr Leben bereichern. Menschen, die Sie unterstützen, mit denen Sie herzhaft lachen können und mit denen Sie auch über Ihre Sorgen reden können.

8. Warum Sie sauber und gepflegt sein sollten.

Einen wichtigen, nicht zu unterschätzenden Teil Ihrer Ausstrahlung und Anziehungskraft macht Ihr Äußeres aus. Sie erinnern sich: 95% vom ersten Eindruck eines Menschen hängt davon ab! Dazu gehören auch, wie Sie wissen, die Kleidung und Ihre Körperpflege. Ob Sie einen maßgeschneiderten Anzug mit Krawatte oder eine Jogginghose anziehen: der Unterschied, wie andere Sie wahrnehmen, ist enorm. Aber die Kleiderwahl und die Körperpflege entscheidet nicht nur darüber, wie andere Sie wahrnehmen, sondern auch, wie *Sie sich selbst* wahrnehmen.

Der Eindruck, den Sie auf andere hinterlassen, färbt sich unmittelbar auf Ihr Verhalten ab.

Zum Schwerpunkt Kleidung: Nehmen wir den maßgeschneiderten, eleganten Anzug als Beispiel. Wenn Sie sich wie ein seriöser Geschäftsmann (oder Geschäftsfrau) kleiden, verhalten Sie sich in der Regel auch wie einer, weil Sie in diese Rolle schlüpfen. Sie richten Ihr Benehmen unbewusst danach aus. Ebenso tun es andere Menschen, die Sie als solchen betrachten und von Ihnen ein seriöses, geschäftsmännisches Verhalten erwarten. Gehen Sie dann auch noch mit aufrechter Körperhaltung die Straße entlang, werden Sie damit automatisch als kompetent, entschlossen und sicher eingestuft und auch so behandelt. In den meisten Fällen bestärkt Sie dieses Verhalten von außen nochmal in Ihrer Rolle und Sie „reifen" mehr und mehr zu einem Business-Man, ganz egal ob Sie einer sind oder nicht.

Ganz anders sieht es aus, wenn Sie mit einer schlabbrigen Jogginghose und einem verschmutzten Unterhemd das Haus verlassen. Ist das Bild, das Sie nun von sich und andere von Ihnen haben, noch dasselbe? Strahlen Sie immer noch das Bild vom selbstbewussten und erfolgreichen Manager aus? Ihre Ausstrahlung weicht jetzt stark von der vorherigen ab und Sie werden große

Schwierigkeiten haben, ernstgenommen zu werden. Ein seriöses Auftreten ist nicht mehr möglich.

Das will nicht heißen, dass Sie umgehend Ihre Jogginghose wegwerfen und ab sofort nur noch Anzüge tragen sollen! Es geht hier *nicht* primär darum, was andere von Ihnen denken. Wichtig ist, was *Sie* von *sich* denken und was Sie ausstrahlen. Es geht vielmehr darum, dass Sie etwas anziehen, in dem Sie sich wohlfühlen und gleichzeitig einen gepflegten Eindruck auf andere machen. Das Beispiel mit dem Anzug und der Jogginghose soll Ihnen nur deutlich machen, welch entscheidende Bedeutung die Kleiderwahl auf Ihr Auftreten sowie Ihre mentale Erwartungshaltung an Sie selbst hat.

Ebenfalls bedeutsam für eine optimale Ausstrahlung ist, inwiefern Sie Ihren Körper pflegen. Damit ist Hygiene gemeint. Also sprich, wie oft Sie sich waschen, Ihre Zähne putzen und grundsätzlich auf Details wie saubere Ohren, reine Haut und gepflegte Fingernägel achten. Dazu gehört auch, dass Ihre Haare ordentlich aussehen, Sie angenehm riechen und nicht übermäßig schwitzen. Es sind die Details, die das große Ganze ergeben. Nehmen Sie die kleinen, aber feinen Elemente Ihres Körpers ernst und sorgen Sie dafür, dass alles an Ihnen gut aussieht und angenehm wirkt - auf Sie wie auf andere. Es sollte sich selbstverständlich auch für Sie gut anfühlen, sonst hat es keinen Zweck. Wenn Ihnen wohl dabei ist, tagelang aufs Waschen zu verzichten und Sie nur so maximale Selbstsicherheit ausstrahlen, dann tun Sie dies. Der Anspruch dieses Buches ist schließlich, dass Sie sich in Ihrer Haut wohl fühlen und Ihr Selbstwert gestärkt wird.

Nichtsdestotrotz lege ich Ihnen ans Herz, Ihren Körper zu pflegen und möglichst viel in Ihre Hygiene zu investieren, denn das fördert das Selbstbewusstsein und damit Ihre Ausstrahlung, die Sie nach Außen geben, ungemein.

III. Durchsetzungsvermögen

Hier lernen Sie, das Erlernte so anzuwenden, dass Sie Ihr Selbstbewusstsein nutzen, um Ihre Interessen gekonnt durchzusetzen und Ihre Werte zu verteidigen. Hierfür erwerben Sie die Fähigkeiten, Entscheidungen zu treffen, Nein sagen zu können und Kritik abzuwehren.

9. Entscheidungen treffen und handeln.

Entscheidungen zu treffen fällt vielen Menschen schwer. Andererseits gibt es Menschen, denen es hingegen *Spaß* macht, Entscheidungen zu treffen, insbesondere, wenn mit hohem Risiko verbunden.

Zu welcher Gruppe gehören Sie? Zu den Unentschlossenen, die tagelang zögern, um sich dann zu entscheiden, dass sie sich nicht entscheiden können? Oder zu denjenigen, die eine klare Vorstellung davon haben, was sie wollen und sich sekundenschnell festlegen?

Sofern Sie zur ersten Gruppe gehören, die sich mit wichtigen, womöglich auch weniger wichtigen Entscheidungen schwertut, liegt das vermutlich daran, dass Sie Angst vor einer falschen Entscheidung haben oder eine Entscheidung „leicht" fallen müsse. Dabei gibt es so etwas gar nicht! Zum einen wählen Sie mit Ihrer Entscheidung die andere Alternative ab. Sie werden nie erfahren, wie Ihr Leben verlaufen wäre, hätten Sie die andere Alternative gewählt. Vielleicht wäre Ihnen etwas schlimmes zugestoßen, wenn Sie sich anders entschieden hätten! Zum anderen hat eine Entscheidung erst wirklich Kraft, je attraktiver die Alternative für Sie ist. Eine Entscheidung, die sich aufdrängt, weil keine anderen Optionen zur Verfügung stehen bzw. keinen Reiz mehr haben, ist das Gegenteil einer Entscheidung. Es ist keine Wahl mehr.

Bei einer Entscheidung wählen wir eine Möglichkeit und trennen uns zugleich von allen anderen. Deswegen heißt es auch Ent-*Scheidung*, die Scheidung von etwas. Eine ernste, bewusste Entscheidung versperrt sogar den Zugang zu jeder anderen Möglichkeit! Es erfordert Mut, um sich von gewissen Umständen, Menschen, Gewohnheiten zu trennen, um neues zu wagen, neue Menschen kennenzulernen, neue Gewohnheiten zu entwickeln.

Das alles setzt voraus, dass Sie offen sind für Neues. Das ist der erste wichtige Schritt, um sich im Leben weiterzuentwickeln und klare Entscheidungen zu treffen.

Orientieren Sie sich bei Entscheidungen an dem, was Sie wirklich wollen. Vertrauen Sie Ihrer Intuition. Treffen Sie Entscheidungen rasch, aber nicht unüberlegt und bleiben Sie dabei. Es nützt nichts, wenn Sie bereits eine Entscheidung getroffen haben und im Nachhinein jammern, dass es anders wohl besser gewesen wäre (sie wissen es ja eben nicht!). Selbst eine schlechte Entscheidung ist immer noch besser als gar keine. Denn wie Sie wissen, ist keine Entscheidung auch eine Entscheidung, und zwar, dass Sie sich nicht entscheiden können.

Die Fähigkeit, schnelle und „richtige" Entscheidungen zu treffen, basiert darauf, sich seiner Werte bewusst zu sein. Haben Sie Klarheit über Ihre Werte, fallen Entscheidungen leicht. Wenn Sie Ihren Ihre Werte nicht klar sind, lesen Sie nochmal Kapitel 3: *„Was sind Ihre Werte?"*

Werte klar? Entscheidung getroffen? Sofort ins Handeln kommen.

Bestimmt kennen Sie das Sprichwort: »Wissen ist Macht.«

Vergessen Sie diesen Satz umgehend und ersetzen Sie Ihn durch: »*Angewandtes* Wissen ist Macht.«
Erst, wenn Sie das Wissen, das Sie aufnehmen und erlernen, auch in die Tat umsetzen, schlagen Sie daraus Kapital. Es bringt rein gar nichts, alles zu wissen, wenn man nichts damit anzufangen weiß.

Genauso verhält es sich mit dem, was Sie wünschen. Erst, wenn Sie anfangen, konkret an Ihren Träumen, Zielen und Visionen zu arbeiten und wirklich etwas dafür *tun*, werden Ergebnisse eintreten.

Goethe sagte einst: *»Es ist nicht genug zu wissen - man muss auch anwenden. Es ist nicht genug zu wollen - man muss auch tun.«*

Verstehen Sie, worauf ich hinaus will? Es gibt unzählige Menschen auf dieser Welt, die wissen, wie es geht, aber dennoch nichts unternehmen. Im besten Fall reden sie wenigstens darüber, was sie tun *würden* (es dann aber nicht tun).
Die Menschen, die hingegen ins Handeln kommen, bringen unsere Spezies, durch Ihre Innovationen, Unternehmen und Ideen, die sie verwirklichen, voran. Zeitgleich entwickeln sie sich selbst weiter, indem sie wertvolle Erfahrungen sammeln, aus Fehlern lernen, als Persönlichkeit wachsen und Erfolge feiern, *eben weil sie handeln*. Niemand hat durchs Nichtstun etwas bedeutsames erreicht, weder für sich, noch für andere. Das bloße Rumsitzen hat weder jemanden reich gemacht, noch hat irgendjemand in irgendeiner Weise davon profitiert.

Dasselbe gilt auch dieses Buch. Wenn Sie dieses Buch sorgfältig studieren, jedes Wort, jeden Ratschlag auswendig lernen, bringt Ihnen das überhaupt nichts, wenn Sie das Wissen nicht anwenden. Sie können Ihr Potenzial mithilfe dieses Buches nur voll entfalten, wenn Sie erstens entschlossen sind, alles, was Sie hier lernen, in den Aufbau Ihrer Selbstsicherheit zu investieren, und zweitens diese Entschlossenheit in ein Ziel umwandeln, welches Sie in die Tat umsetzen, in diesem Fall Ihre maximale Ausstrahlung, Ihr maximales Selbstbewusstsein und Selbstvertrauen und Ihr maximales Durchsetzungsvermögen verwirklichen.

Soll ich Ihnen das Erfolgsgeheimnis von den größten Menschen unserer Zeit verraten, welches unter anderem Bill Gates, Steve Jobs und Mark Zuckerberg zu Ruhm und finanziellem Erfolg verhalf? Sie haben es einfach getan. Sie hatten eine Idee und realisierten diese Idee, weil sie handelten. Erfolg besteht aus drei Buchstaben: **T - U - N.**

Werden Sie zu einem Macher. Nicht nur hinsichtlich der Ratschläge in diesem Buch, machen Sie es sich zur Gewohnheit, die Dinge einfach zu tun. Just do it. Tu es einfach. Wenn Sie ein Stadium erreichen, in dem Sie immer konsequenter Ihre Pläne umsetzen, werden Sie dem Ideal eines extrem selbstbewussten Menschen schon sehr nahe kommen.

Denken Sie an die drei magischen Buchstaben, wenn Sie das nächste Mal zögern sollten.

Und Sie werden sofort und kompromisslos ins Handeln kommen.

T - U - N.

10. Nein sagen!

Alle durchsetzungsstarken Menschen macht die Verwendung eines Wortes aus. Dieses Wort ist nicht *»Los!«* oder *»Kommt!«*, das gesuchte Wort lautet **„Nein.“**

Es sind die wohl machtvollsten vier Buchstaben, wenn wir einer unangenehmen Situation oder ungeliebten Aufgabe entkommen wollen und unsere Interessen effektiv durchsetzen möchten.

Sei es der *nette Kollege* auf der Arbeit, dem Sie zum wiederholten Male einen Gefallen tun müssen: »Kannst Du das schnell für mich erledigen? Es sind nur 30 Seiten, die kopiert werden müssen. Du bist mein Mann!«

Die *Verkäuferin*, die Ihnen ein neues Paar Schuhe, welches Ihnen am Zeh drückt, andrehen möchte: »Leider haben wir keine andere Größe, aber in ein paar Tagen laufen Sie sich in die Schuhe ein und sie werden Ihnen passen wie angegoßen!«

Oder Ihre *Kinder*, die mal wieder Geld brauchen und Sie beinahe täglich anflehen: »Nur zehn Euro biiitte!«

Natürlich gibt es unzählige weitere solcher Beispiele.

Von allen Seiten wollen andere, das wir etwas für sie tun. Meistens ist das gut gemeint und wir sollten die Bereitschaft besitzen, uneigennützig anderen Hilfe zu leisten. Das zeichnet uns Menschen aus: Wir sollten bestrebt sein, uns gegenseitig zu helfen und zu dienen. Wenn alle nur aus egoistischen Interessen handeln würden, wäre unsere Welt doch sehr rückständig.

Aber manchmal ist es sinnvoll und notwendig, Ihre eigenen Interessen in den Vordergrund zu stellen. Schließlich geht es um Ihr Wohl, Ihr Geld und Ihre Zeit! Sie können, müssen und dürfen sich nicht immer alles gefallen lassen. Dafür sind Sie sich einfach zu viel wert, als dass Ihre Lebensaufgabe darin besteht, wehrlos jeden Scheiß mitmachen zu müssen. Darum ist es von entscheidender

Bedeutung, dass Sie nicht zu allem Ja und Amen sagen. Überlegen Sie, was Sie wirklich wollen.

Macht es Ihnen Spaß, jedes Mal aufs neue Ihrem Kollegen seine Arbeit abzunehmen und Ihre Zeit unnötig zu verschwenden?
Wollen Sie ernsthaft eine Kaufentscheidung treffen, von der Sie wissen, dass Sie diese sofort bereuen werden?

Haben Sie wirklich Lust, Ihren Kindern im Jugendalter wieder und wieder Geld zu geben, damit diese es im Zweifel für Alkohol ausgeben?

Nein? Dann sagen Sie auch klar und entschlossen: „NEIN." Begründen Sie Ihr „Nein" nicht. Das schwächt es sonst ab. Ein starkes „Nein" braucht keine Begründung. Seien Sie so richtig konsequent.

Den meisten fällt das schwer. Viele haben Angst vor Konflikten oder fürchten, sich bei Ihren Mitmenschen unbeliebt zu machen. Und am Anfang wird dies auch so sein, nachdem Sie beginnen, vom „Nein" Gebrauch zu machen. Nicht alle werden das begrüßen. Sie werden den netten Kollegen womöglich enttäuschen. Die Verkäuferin wird nicht erfreut sein. Ihre Kinder verärgert. Doch das alles nur für einen Moment! Dann findet sich eben jemand anderes, der zusagt oder das Problem löst sich von alleine, wenn nicht sogar von der Person selbst.

Sie sind keineswegs ein schlechter Mensch, nur weil Sie auch mal Nein sagen. Sie werden damit auch niemanden verletzen. Und die Menschen wissen das. Nach einer gewissen Weile, in der Sie lernen, mehr und mehr „Nein" zu sagen, werden andere Sie dafür respektieren und Sie womöglich bewundern, weil Sie derart Durchsetzungsvermögen entwickelt haben und wissen, was Sie wollen - und was nicht.

Zuerst müssen aber Sie eine Zeit überstehen, in der die Arbeitskollegen, Freunde, Partner und Kinder sich erstmal daran gewöhnen müssen, dass Sie nicht mehr der naive Ja-Sager sind, der alles mitmacht. Unter Umständen wird es Konflikte geben, man wird

Ihnen Vorwürfe an den Kopf werfen, womöglich werden einige sich Sorgen um Sie machen - Sie haben sich schließlich verändert.

Doch bleiben Sie dieser Linie treu. Denn damit bleiben Sie sich selbst treu. Nichts und niemand wird Ihre Interessen so sehr vertreten wie Sie selbst. Lassen Sie sich nie wieder ausnutzen. Sagen Sie deshalb auch ab und an „Nein" zu anderen und stattdessen „Ja" zu sich selbst.

„Ein Nein zu dir ist ein Ja zu mir."

Denken Sie an diesen Satz, wenn Sie im Begriff sind, Ihre Interessen durchzusetzen und damit vielleicht nicht alle Beteiligten glücklich machen.

Ich möchte Ihnen noch drei Gedanken mitgeben, wie Sie sich beim Nein sagen sogar wohlfühlen. Sagen Sie sich das still, wenn Sie eines der folgenden drei Glaubenssätze überkommen sollte. Diese Glaubenssätze sind allesamt falsch und kontraproduktiv. Eliminieren Sie sie, soweit es geht.

1. Sie haben Angst, sich unbeliebt zu machen und die Sympathie des Gegenübers zu verlieren.

   »Ich weiß nicht, ob er mich ablehnen wird. Und wenn er mich nur mag, wenn ich das tue, was ihm von Nutzen ist, hat diese Beziehung keinen Sinn. Mein Selbstwert muss respektiert werden. Auch wenn ich abgelehnt werde, kann ich damit leben. Ich muss nicht allen gefallen. Ich muss mir selbst gefallen.«

2. Sie befürchten, der andere werde dadurch verletzt, enttäuscht oder verärgert.

   »Ob er verletzt, enttäuscht oder verärgert reagiert, kann ich nicht wissen. Vielleicht akzeptiert er ja meine Entscheidung.

Wenn er doch verärgert oder frustriert sein sollte, ist das nunmal so. Es ist sein Problem, wie er damit umgeht. Ich sage bloß meine Meinung. Ich habe das Recht, meine Meinung zu sagen.«

3. Sie wollen kein herzloser, kalter Egoist sein.

»Ich achte nur auf meine Bedürfnisse und Interessen. Das hat nichts mit Egoismus oder Selbstsucht zu tun. Es ist mein Recht, meinen Wünschen zu entsprechen und es steht mir zu, auch Nein sagen zu dürfen. Das nennt sich Selbstachtung.«

Ein „Nein" hat in gewissen Situationen viele Vorteile, die ein „Ja" nicht hat. Machen Sie davon Gebrauch. Sie ersparen sich Ausreden und Notlügen. In erster Linie hören Sie auf Ihre innere Stimme, achten auf Ihre Bedürfnisse und setzen Ihre Interessen durch. Mit einem Nein können Sie das offen und ehrlich kommunizieren, ohne jemanden zu verletzen. Ein Nein zu anderen ist ein Ja zu sich selbst.

11. Wie Sie Ablehnung gekonnt abwehren.

Früher oder später trifft es jeden von uns. Keiner bleibt davon verschont. Fast immer ist es eine unliebsame Erscheinung. Mal ist sie konstruktiv, mal sachlich und begründet, meistens jedoch subjektiv und negativ. Wir sprechen, korrekt ausgedrückt, von (prüfender) Einschätzung und Beurteilung, besser bekannt als Kritik.

Kritik ist die Meinung einer Person, dem Kritiker, zu etwas, was eine Person oder Sache, sprich den Kritisierten/das Kritisierte, betrifft. In diesem Kapitel beschäftigen wir uns hauptsächlich mit der ablehnenden Form der Kritik. Die Kritik, die die meisten Menschen fürchten und an der viele zugrunde gegangen sind. Es ist nicht nur die Kritik selbst, an der Menschen zerbrechen, sondern ebenso stark die Angst vor solcher ist die Ursache für mangelndes Selbstwertgefühl.

Es besteht Einigkeit darüber, das nicht alle Menschen gleich gut mit Kritik umgehen können. Manche entwickeln Selbstzweifel, einige üben sofort Gegenkritik, andere wiederum sind am Boden zerstört. Viele haben falsche Reaktionsmuster, wenn Kritik sie trifft, so lassen sie diese zu sehr an sich heran oder gehen in den Gegenangriff.

Natürlich gibt es auch sachliche Kritik, die gut gemeint ist und uns weiterhelfen soll. Hierbei sollten wir bereit sein, aufmerksam zuzuhören um uns zu verbessern. Wir müssen zugeben können, wenn andere auch mal Recht haben. Wenn Sie sich jedoch nicht entscheiden können, ist es besser, eine zu dicke Haut zu haben, als sich Kritik übermäßig zu Herzen zu nehmen.

Es gibt Menschen, auf die Kritik keinen Einfluss hat. Diese Menschen sind so fest von sich und ihren Fähigkeiten überzeugt, dass Ablehnung Ihnen nichts anhaben kann. Sie wissen, dass es zwei Formen der Kritik gibt und sie auf beide Arten unterschiedlich reagieren müssen. Kritik ist nicht immer schlecht. Berechtigte Kritik

(Verbesserungsvorschlag) prüfen sie, und wenn es Verbesserungsbedarf gibt, sind sie bereit Änderungen vorzunehmen, sei es um Ihre Produktivität zu steigern oder ein besserer Mensch zu werden. Unberechtigte negative Kritik (Ablehnung) hingegen blocken sie, ohne zu diskutieren ab. Ihr Selbstwert ist so stark, dass sie sich mit Ablehnung, die auf ihre Person oder ihre Sache abzielt, gar nicht erst beschäftigen. Wozu auch?

Meinungen gibt es schließlich wie Sand am Meer. Wir müssen nicht allen gefallen, und das wissen selbstsichere Gewinner. Wir können das nämlich auch gar nicht. Es wird immer Menschen geben, die kritisieren. Manche haben es sich zur Lebensaufgabe gemacht, Menschen und Dinge schlecht zu reden. Solche Negativlinge brauchen Sie nicht zu kümmern.

Ihre Aufgabe ist es, die bestmögliche Version Ihrer Selbst zu werden. Und Ihr Erfolg ist nicht von (negativen) Meinungen irgendwelcher Personen abhängig. Ihr Erfolg ist von Ihrer inneren Einstellung abhängig. Auch wenn es Menschen gibt, die gegen Sie sind und herumnörgeln, bleiben Sie sich selbst und Ihrer Sache treu. Verfolgen Sie weiterhin Ihre Ziele. Bleiben Sie so, wie Sie sind.

Lassen Sie negative Menschen ruhig damit beschäftigt sein, ihre Zeit damit zu verschwenden, abfällig über andere urteilen, während Sie daran arbeiten, besser und stärker zu werden. Haben Sie die Gewissheit, dass notorische Kritiker einerseits nichts besseres zu tun haben, als zu kritisieren, und es deshalb nie zu großem Ruhm und Ansehen bringen werden. Andererseits hat deren Meinung keinen besonderen Wert. *»Meinungen sind das billigste Gut auf Erden«*, sagte schon Napoleon Hill.

Sie müssen sich vorstellen, dass Menschen, die es sich zur Lebensaufgabe gemacht haben zu kritisieren, kein besonders glückliches Leben führen. Sonst hätten sie es ja nicht nötig, ständig zu lästern und zu tadeln! Sie wollen damit von ihrer Unfähigkeit und ihren

Unzulänglichkeiten ablenken, indem sie versuchen, anderen Unfähigkeit anzumaßen und Unzulänglichkeiten anderer hervorzuheben. Lassen Sie sich davon keinesfalls beeindrucken. Kritiker, Spötter und Nichtsgönner haben erst Macht über Sie, wenn Sie es zulassen. Geben Sie diesen Menschen keine Macht über Ihr inneres Wohlbefinden. Stehen Sie über solchen Menschen. Ignorieren Sie sie. Lösen Sie sich von den „Meinungen“ dieser Personen.

Ihr Selbstwertgefühl steigt proportional dazu, wie sehr Ihnen die Meinung anderer egal ist. Sie sind auf dem besten Wege, inneren Frieden herzustellen, wenn Sie sich davon lösen, was andere über Sie denken. Seien Sie überzeugt von sich selbst und Ihren Stärken. Dann kann unberechtigte Kritik Ihnen nichts anhaben und Sie werden zu einem weitaus glücklicheren Menschen.

Seien Sie sich auch klar darüber, dass Menschen, die in anderen nur das Schlechte sehen, sich selbst einen Bärendienst erweisen. Für sie ist die Welt voller Fehler und Defizite. Wir sehen die Welt, so wie wir sind, nicht wie die Welt ist. Seien Sie darum ein positiver Mensch, der nur das Gute in anderen sieht und seine Mitmenschen auch so behandelt. Die Welt wird für Sie zu einem weitaus schöneren Ort werden, weil Sie das Ich-kritisier-alles-und-jeden-Spiel nicht mitspielen, sondern dazu beitragen, dass Sie und alle anderen sich in ihrer Haut gut und sicher fühlen.

Sie können die negative Energie negativer Menschen auch für sich und Ihren Erfolg nutzen. Gewinnen Sie Kraft daraus, wenn Sie sich bewusst machen, dass Sie etwas richtig machen, weil Sie kritisiert werden. Denn der einzige Weg, Ablehnung zu vermeiden, ist nichts zu sein und nichts zu tun. Sie wollen aber jemand werden und etwas sinnvolles tun! Dafür müssen Sie Sie Kritik in Kauf nehmen.

Oder wie Bruce Lee sagte:

»Wenn du kritisiert wirst, dann musst du irgend etwas richtig machen. Denn man greift nur denjenigen an, der den Ball hat.«

Bleiben Sie am Ball. Schütteln Sie Kritik ab wie Staubkörner und konzentrieren Sie sich auf die Menschen, die Sie unterstützen. Seien Sie dennoch offen für konstruktive und ehrliche Verbesserungsvorschläge.

12. Zeigen Sie der Welt, was in Ihnen steckt! (Ausblick)

Zeigen Sie der Welt, was in Ihnen steckt. Mehr gibt es zu diesem reichhaltigen, bedeutenden Satz eigentlich nicht zu sagen. Dieser Satz enthält im Grunde genommen alles, was Sie über *Selbstwert, Selbstvertrauen* und *Selbstsicherheit* gelernt haben und wissen müssen. Es ist Ihre Aufgabe, Ihren Platz auf diesem Planeten zu finden. Suchen Sie etwas, das Ihren *besten* Fähigkeiten und Ihren *einmaligen* Stärken entspricht. Machen Sie daraus Ihre Lebensaufgabe. Begeben Sie sich auf den Weg zu der bestmöglichen Version Ihrer Selbst. Machen Sie aus Ihrer Stärke kein Geheimnis. Die Welt darf ruhig wissen, welch besondere Kraft in Ihnen steckt. Entfalten Sie diese Kraft und lassen Sie die Welt gerne wissen, dass Sie es wert sind. Dass Sie etwas Besonderes sind. Dass Sie es schaffen können und schaffen werden.

Jeder Mensch ist einzigartig. So auch Sie. Sie haben es verdient, einen Platz auf dieser Welt zu haben, der Ihren kühnsten Träumen und innigsten Wünschen entspricht. Doch diesen Platz müssen Sie sich erkämpfen. Sie stehen im direkten Wettkampf mit Hunderten von Millionen anderen Menschen. Das Interessante jedoch ist, der überwältigende Großteil dieser sind *zufrieden mit ihrer Situation* und *unglücklich mit sich selbst.* Diese beiden Glaubenssätze sind die größten Feinde der persönlichen Weiterentwicklung und des Erfolges jeglicher Art. Jede Form der Selbstsicherheit und des Fortschritts wird im Keim erstickt.

Ihr Anspruch ist es, den Spieß umzukehren, die Umstände in Ihrem Leben nicht als endgültig zu betrachten und diese mit allen in Ihrer Macht stehenden Mitteln zu verbessern, und sich selbst akzeptieren und lieben, wie Sie sind.

Seien Sie ruhig unzufrieden mit Ihrer Lebenssituation. Die meisten werden nun überrascht sein über diese Aussage. Zufriedenheit ist nichts erstrebenswertes. Zufriedenheit führt zu Faulheit und Langeweile. Wer zufrieden ist, hat aufgehört zu lernen und zu wachsen. Uns wird immer beigebracht „zufrieden zu sein mit dem, was wir haben". Dabei müssen wir zwischen *Zufriedenheit* und *Dankbarkeit* unterscheiden. Wir sollten dankbar sein, für das was wir haben und dass wir so viele Geschenke des Lebens „nutzen" dürfen (sehen, hören, gehen usw.) Seien Sie bestrebt, alle Ihre Lebensbereiche stetig zu verbessern, indem Sie an ihnen kontinuierlich arbeiten und mehr von sich selbst erwarten. Erst dann werden sich nämlich die Umstände zum Besseren wenden. Lernen Sie jeden Tag dazu und verlangen Sie persönlichen Wachstum und Fortschritt.

Es wird immer Probleme geben. Anstatt sich weniger Probleme zu wünschen, wünschen Sie sich mehr Fähigkeiten, Probleme zu lösen.

Dankbarkeit ist der Schlüssel zum Glück. Nicht ein dankbarer Mensch ist unglücklich. Andersrum verhält es sich genau so. Kaum ein undankbarer Mensch ist glücklich. Besinnen Sie sich also darauf, was für eine außergewöhnliche Persönlichkeit Sie sind und wie gut es Ihnen geht. Für den Großteil der Welt gelten Sie als reich (allein schon, dass Sie dieses Buch lesen können). Aus der **Dankbarkeit**, mit *einzigartigen Talenten* und *außergewöhnlichen Eigenschaften* gesegnet zu sein, entwächst das **Glück**, das Sie so sind, wie Sie sind und nicht anders. Erlauben Sie es sich, deswegen glücklich zu sein und schließen Sie Frieden mit sich selbst.

Wenn das der Fall ist, und Sie mit den Tipps arbeiten, die hier im Buch vermittelt worden sind, steht Ihnen nichts im Wege, in kürzester Zeit Ihr Selbstvertrauen maximal zu entfalten, daraus die maximale Ausstrahlung an den Tag zu legen und all das wird dazu führen, dass Sie sehr gute Karten haben, wenn es darum geht, Ihre Interessen maximal effektiv durchzusetzen.

Nachdem Sie diese Buch gelesen haben, gehen Sie raus in die Welt, mit dem Bewusstsein, dass Sie alles erreichen können. Nichts ist unmöglich. Auch für Sie nicht.

Nachwort

Zunächst einmal möchte ich mich bei Ihnen als Leser bedanken, dass Sie sich die Zeit genommen haben, dieses Buch zu lesen. Dieses Buch ist das Ergebnis intensivster Recherche, zahlreicher Gespräche und jahrelanger Erfahrung. Der Anspruch dieses Buches ist, Ihnen die Grundlagen für ein souveränes Auftreten verständlich, als auch praxisnah an die Hand zu geben. Es liegt mir am Herzen, dass Sie das Wissen, das dieses Buch enthält, gewinnbringend für sich nutzen, um Ihr Potenzial so weit es geht zu entfalten.

Sie werden festgestellt haben, dass sich folgender Gedanke durch das ganze Buch zieht, mal klar formuliert, mal versteckt zwischen den Zeilen beschrieben.
Konzentrieren Sie sich auf Ihre Einzigartigkeit und Ihre Stärken, und Ihr Selbstvertrauen wird beträchtlich steigen. Daraus leiten Sie ein sicheres Auftreten ab und werden durchsetzungsstark. Nichts ist mir so wichtig, als dass Sie diese Idee verinnerlichen und zu Ihrem Gunsten nutzen können.

Als Belohnung dafür, dass Sie es so weit geschafft haben, möchte ich Ihnen einen absoluten Killer-Tipp mit auf den Weg geben, der Ihre Disziplin und Ihr Selbstvertrauen auf das nächste Level bringt sowie goldene Momente in Ihrem Leben verlängert. Wenn Sie diesen Ratschlag befolgen, entwickeln Sie wahres Durchhaltevermögen und werden positive Erfahrungen und Errungenschaften länger festhalten.

Legen Sie ein Erfolgstagebuch an, in welchem Sie jeden Tag in drei bis fünf stichwortartigen Sätzen auf die Frage *„Was ist mir heute gut gelungen?“* antworten. Sei es, dass Sie auf der Arbeit besonders konzentriert gewesen sind oder Ihren Partner zum Lachen gebracht haben. Halten Sie jeden auch noch so kleinen Erfolg fest. Ihr Selbstvertrauen wird bereits nach kurzer Zeit enorm ansteigen.

Mit einem Zitat von Oscar Wilde möchte ich mich von Ihnen verabschieden:

»Das Durchschnittliche gibt der Welt ihren Bestand, das Außergewöhnliche ihren Wert.«

Seien Sie außergewöhnlich. Die Welt braucht Sie so, wie Sie sind oder noch besser, die bestmögliche Version Ihrer Selbst.

Herzlichst
Ihr Julius Loewenstein

Mehr von Julius Loewenstein!

RHETORIK - Reden wie Profi:

Wie Sie ein guter Redner werden, überzeugend auftreten und Ihre wahrgenommene Kompetenz durch erfolgreiche Kommunikation steigern

Das Rhetorik Buch zeigt Ihnen, wie Sie mithilfe einfacher Strategien Ihre Rede- und Überzeugungskünste spielerisch leicht verbessern.

Wer heutzutage erfolgreich sein will, muss die Kunst der Kommunikation beherrschen! Nur wer authentisch auftritt und klug argumentiert, kann seine Ziele erreichen - sei es im Beruf oder im Privatleben.

ISBN-13: 978-1728739243
Independently published by Julius Loewenstein

SMALLTALK - Freunde gewinnen:

Wie es Ihnen gelingt, Freunde zu finden, Ihre Beliebtheit zu steigern und Menschen zu beeinflussen

Im Smalltalk Buch lernen Sie, wie Sie Alltagsgespräche spielerisch meistern und Ihre Mitmenschen nachhaltig für sich beeinflussen.

Ob es sich um ein geschäftliches Gespräch, eine lockere Unterhaltung mit Bekannten oder einen Flirt handelt - dieses Buch bietet Anfängern als auch Profis praktische und sofort anwendbare Tipps für reichhaltige Unterhaltungen.

ISBN-13: 978-1791885441
Independently published by Julius Loewenstein

Ihr BONUS: **Ein Gratis Ebook!**

Ich möchte mich bei Ihnen als Leser bedanken, dass Sie sich für eines meiner Bücher entschieden haben und damit mich und meine Arbeit unterstützen. Meine Worte sollen Ihnen dabei dienen, etwas in Ihrem Leben zu verändern - zum Positiven natürlich.

Als Dankeschön erhalten Sie von mir ein Ebook - das vollkommen kostenlos! In dem Ebook **AUSSTRAHLUNG** lernen Sie, wie Sie in 7 einfachen Schritten Ihre Anziehungskraft spielerisch leicht erhöhen - und nebenbei ein tiefes Selbstvertrauen aufbauen.

Mein exklusives Geschenk an Sie:

GRATIS Ebook „AUSSTRAHLUNG“

Sichern Sie sich jetzt Ihr Ebook unter:
ebook.julius-loewenstein.de

Inhalte aus dem kostenlosen Ebook von Julius Loewenstein:

- ★ Das Geheimnis charismatischer Menschen
- ★ Gedanken bewusst steuern - So geht’s
- ★ Die Macht der Worte und wie Sie diese für sich nutzen können
- ★ Die 4 Schlüssel für ein tiefes Selbstvertrauen

Dieses Angebot gilt nur für diejenigen, die bereits ein Julius Loewenstein Buch gekauft haben. Ich möchte meinen Lesern etwas zurückgeben und schenke Ihnen deshalb dieses kostenlose Ebook.

Erfahren Sie das Geheimnis charismatischer Menschen. Werden auch Sie in wenigen Tagen zu einer anziehenden Persönlichkeit mit einer selbstbewussten Ausstrahlung!

Jetzt das Ebook herunterladen! Auf:
ebook.julius-loewenstein.de

Rechtliches

Impressum
Julius Loewenstein wird vertreten durch:

Jan Sergienko - Buchvertrieb
Ekhofstraße 31
22087 Hamburg

Coverbild
Sergei Mironenko /Stock Images
Bildnachweis Gratis Ebook: Bonezboyz/Shutterstock

www.julius-loewenstein.de

Haftung für externe Links

Das Buch enthält Links zu externen Webseiten Dritter, auf deren Inhalt der Autor keinen Einfluss hat. Deshalb kann für die Inhalte externer Inhalte keine Gewähr übernommen werden. Für die Inhalte der verlinkten Webseiten ist der jeweilige Anbieter oder Betreiber der Webseite verantwortlich. Die verlinkten Seiten wurden zum Zeitpunkt der Verlinkung auf mögliche Rechtsverstöße überprüft. Rechtswidrige Inhalte waren zum Zeitpunkt der Verlinkung nicht erkennbar. Eine permanente inhaltliche Kontrolle der verlinkten Webseiten ist jedoch ohne konkrete Anhaltspunkte einer Rechtsverletzung nicht zumutbar. Bei Bekanntwerden von Rechtsverletzungen werden derartige Links umgehend entfernt.

36494689R00034

Printed in Poland
by Amazon Fulfillment
Poland Sp. z o.o., Wrocław